PUBLICATION DE LA RÉUNION DES OFFICIERS

# LA TACTIQUE

DE

# L'INFANTERIE

PAR

## L. DE BEYLIÉ

SOUS-LIEUTENANT AU 41e RÉGIMENT

{◦◦◦◦}

**PARIS**

CH. TANERA, ÉDITEUR

LIBRAIRIE POUR L'ART MILITAIRE ET LES SCIENCES

**Rue de Savoie, 6**

—

**1873**

# LA TACTIQUE

# DE L'INFANTERIE

## PRINCIPES DU COMBAT D'INFANTERIE.

Les événements de la dernière guerre ayant démontré jusqu'à l'évidence l'impossibilité des manœuvres en masse en
présence de l'ennemi, on cherche de tous côtés des formations qui soient plus en rapport avec les progrès de l'armement. La France et l'Allemagne s'occupent également de cette
question ; mais autant que l'on peut en juger par les derniè-
res publications, il existe deux partis bien distincts. Le premier, surtout en France, demande la suppression de quelques
mouvements surannés, et se fait l'interprète des théories dé-
veloppées avant la guerre par M. le général de Failly. Les
modifications proposées ne portent donc que sur des détails
d'exécution, et non sur des principes. Le second, beaucoup
plus audacieux, demande une réforme radicale et d'après des
données entièrement nouvelles. C'est le parti allemand. Les
deux extrêmes sont également à craindre. Néanmoins il est à remarquer qu'en France aussi bien qu'en Allemagne on reconnaît
à la lutte des conditions toutes différentes, et partant de cette
idée, les uns adoptent franchement une base nouvelle, les au-

tres se contentent de rajeunir un peu leurs vieilles théories, sans toucher réellement à la tactique. Or c'est mal entreprendre une œuvre que de commencer par la fin, c'est-à-dire par les détails. Il importe d'établir d'abord les principes d'une manière générale; cela fait, on voit ce que l'on peut employer des anciennes théories, on modifie ce qui doit être modifié, et on ajoute ce qui n'existait pas.

Il est un principe incontestable, c'est que les exercices en temps de paix doivent être l'image aussi fidèle que possible de ce qui peut se passer à la guerre. Leur but est de donner aux troupes le moyen d'arriver devant l'ennemi avec le moins de pertes possible, tout en produisant un effet maximum. Il faut donc, avant tout, établir la physionomie du combat d'infanterie, suivant l'expression de Boguslawski, et les bases de ce combat une fois établies, en déduire les formations pratiques et utiles. Nous allons étudier rapidement la tactique du bataillon avant et pendant 1870.

## LE BATAILLON AVANT 1870

Avant la guerre de 1870, le bataillon se formait généralement en colonne double et lançait en tirailleurs une ou deux compagnies, qui engageaient la lutte. L'ennemi en faisait autant. C'est ce qu'on appelait le combat préparatoire, ou la présentation. Mais tout cela n'était que secondaire; on recommandait même expressément de ne pas employer trop de forces à ces premières lignes, le coup principal devant être frappé par la masse du bataillon. Le moment venu, celui-ci se mettait en marche dans la même formation que précédemment; les tirailleurs se conformaient à son mouvement. Arrivée à deux ou trois cents pas de la ligne ennemie, la première ligne s'arrêtait et livrait passage au bataillon. Celui-ci avait alors deux partis à prendre : ou bien aborder l'ennemi à la baïonnette, ou bien se déployer à droite et à gauche de la subdivision de tête, chaque subdivision commençant le feu dès qu'elle entrait en ligne. Le bataillon exécutait ainsi plusieurs salves qui balayaient la position. Pendant ce temps les tirailleurs reprenaient leur place de bataille.

Tel était avant la guerre le combat théorique du bataillon, et tel il est décrit dans les auteurs les plus novateurs de l'époque (Rustow et Vandevelde). Il existait néanmoins quelques nuances dans la colonne d'attaque ; en Allemagne on se servait de la colonne de compagnie ; de même en Belgique, où un auteur estimé voulait que les tirailleurs continuassent à marcher à hauteur du bataillon, sans se rallier sur les flancs. Mais ce qu'il importe d'établir, c'est qu'avant la guerre de 1870, ces théoriciens ne donnaient aux tirailleurs qu'un rôle secondaire, l'action principale appartenant à la masse du bataillon. C'est sous l'empire de ces idées que se sont livrées les premières batailles de la guerre.

### LE BATAILLON EN 1870-71

*Manœuvres dans la zone dangereuse.* — On ne tarda pas à reconnaître l'impossibilité de conserver sous le feu d'autre formation que le déploiement en tirailleurs. On s'était trompé sur l'efficacité des armes rayées aux grandes distances. Non-seulement on dut renoncer à laisser au bataillon le rôle décisif, mais on fut encore forcé de le tenir en réserve à plus d'un kilomètre, lorsqu'on ne put utiliser les accidents de terrain. Le combat s'engageait, comme précédemment, au moyen de lignes de tirailleurs, mais à des distances énormes (1). Néanmoins l'ennemi faisait de rapides progrès jus-

(1) *Physionomie du combat d'infanterie.* Boguslawski.

qu'à quatre ou cinq cents mètres. A ce moment le feu prenait une intensité telle, que le combat demeurait forcément stationnaire. Les soutiens eux-mêmes, accablés de projectiles sans pouvoir y répondre, se mêlaient à la ligne de tirailleurs ou se débandaient; quant au bataillon, il renonçait à se montrer. Aussi ne voyait-on bientôt plus que deux lignes : une ligne de tirailleurs complétement en l'air, et une ligne de bataillons hors d'état de lui porter un secours direct. Le rôle des tirailleurs n'était donc plus secondaire, comme on l'avait pensé tout d'abord, il devenait capital, puisque ceux-ci supportaient tout l'effort de la lutte. Il ne restait plus à la réserve d'autre ressource que de renforcer le plus possible la première ligne, pour lui permettre de maîtriser par ses feux la ligne ennemie. On arrivait à peu près à ce résultat par l'envoi successif de soutiens, qui, nous l'avons vu, ne tardaient pas à se déployer, malgré les ordres reçus. Il est à remarquer que cette prédisposition des soutiens à se mêler à la première ligne, ne provenait que de leur proximité de la ligne de bataille. Si, au lieu de chercher à les maintenir à cent cinquante ou deux cents mètres en arrière de la première ligne, on avait eu le bon sens de les porter hors de la zone réellement dangereuse, ce fait ne se serait pas présenté.

Cet état de choses se manifesta surtout dans l'armée française.

Dès les premiers coups de fusil, tout échappait des mains des officiers, et bientôt il ne restait plus une seule réserve à la première ligne ; tout le bataillon était en tirailleurs; les réserves générales seules (quand il y en avait) faisaient office de soutiens. Aussi produisait-on l'effet maximum dès le début de l'action. Si la lutte se prolongeait, les troupes étaient épuisées et sans moyen de renforcer leur feu. Pourquoi cela avait-il lieu chez les Français plutôt que chez les Allemands ? La raison en est bien simple. Chez les Allemands, indépen-

damment de leur nature plus froide et de leur excellente disci-
pline, on avait déjà entrevu la nécessité du combat dispersé.
Le bataillon se tenait à une assez grande distance, presque
toujours à l'abri et dans une formation offrant peu de prise
aux projectiles.

Chez les Français, au contraire, la première ligne était fort
peu distante de la masse du bataillon, et l'on négligeait entièrement de se couvrir.

Il en résultait que les soutiens aussi bien que la réserve
se trouvaient dans la zone dangereuse.

Voilà pourquoi le bataillon tout entier, las de recevoir des
coups sans pouvoir y répondre, se portait en première ligne.
Chez les Allemands, ce défaut se présentant à un moindre
degré, les inconvénients qui en résultaient étaient également
moindres.

Au reste, quelle que fût l'infériorité tactique et numérique
du défenseur, l'attaque de front ne réussissait guère, surtout
devant une position munie d'abris naturels ou de tranchées.
Il fallait avoir recours aux mouvements tournants. Quant aux
nombreuses attaques à la baïonnette dont il est fait mention
dans les bulletins allemands, elles n'ont jamais eu lieu dans
le feu de l'action, mais alors seulement que le défenseur se
retirait et diminuait son feu d'une manière sensible. Aussi
les attaques de vive force ont-elles toujours échoué devant
un ennemi faisant usage de tout son feu.

Il résulte de ceci qu'une position ne pourra être enlevée
que de deux manières :

1° Par un mouvement tournant, joint à une attaque de
front ;

2° Par l'action persistante de l'artillerie, jointe aux feux de
l'infanterie.

Encore ce deuxième mode me paraît-il problématique.

On peut affirmer que la méthode du mouvement tournant

a fait autant à elle seule que l'immense supériorité numérique des Allemands.

Il faut bien se persuader que ces mouvements ont perdu en grande partie leur danger pour celui qui les met en œuvre. Grâce à l'immense portée des armes et à la rapidité du tir, le rideau de troupes laissé devant l'ennemi offrira, presque toujours, une résistance suffisante pour que le mouvement tournant ait le temps de se produire. On risquait autrefois de se voir coupé en deux par une attaque rapide de l'adversaire; de nos jours, cette chance ne se présentera que très-rarement.

Avant de terminer l'étude de ce qui se passait dans la zone dangereuse pendant la guerre de 1870, il est bon de se demander quel a été l'usage des feux à commandement. Cette question a été fort controversée ; elle paraît néanmoins résolue et par les faits et par le raisonnement : 1º malgré toutes les demandes faites par les journaux militaires, on n'a pu citer aucun exemple sérieux ; les seuls feux à commandement signalés ont eu lieu soit dans des embuscades, soit dans des circonstances tellement exceptionnelles qu'on ne peut plus en faire une théorie générale ; 2º si on se reporte à ce que nous avons dit sur la marche théorique et réelle du combat, avec les armes nouvelles, on voit qu'il n'en pouvait être autrement.

Ce ne seront pas les tirailleurs qui pourront faire des feux à commandement; ce seront donc les réserves, c'est-à-dire les troupes à rangs serrés. Il faudra donc qu'elles se trouvent à une portée convenable de l'ennemi et qu'elles se démasquent; les tirailleurs ennemis auront beau jeu et les réserves ne tarderont pas à être écrasées, aussi bien par la mousqueterie que par l'artillerie. 3º Si on fait usage de ces feux en attaquant, on risque de tirer sur les premières lignes; si, au contraire, c'est dans un mouvement rétrograde, on aura dif-

ficilement assez d'empire sur les hommes pour les maintenir.
4° Enfin, où l'on tirera de très-loin (la première ligne se trouvant à 800 mètres environ des réserves), et alors on brûlera la poudre inutilement; ou l'on tirera de près, et, devant l'armement actuel, je dis que c'est plus que difficile. Dans une discussion soutenue à ce sujet dans le *Bulletin de la Réunion des officiers*, quelqu'un prétendait que les feux à commandement étaient encore possibles, surtout vers 1200 mètres; mais, je le répète, si l'on ne cesse de recommander aux hommes de ne tirer qu'à petite distance, soit pour avoir quelque chance de mieux tirer, soit pour ne pas épuiser les munitions en pure perte, ce n'est pas pour leur faire exécuter des feux d'ensemble, c'est-à-dire le tir le moins sûr de tous, à des distances maxima. Il faut, en vérité, bien tenir aux feux à commandement pour leur assigner un pareil usage.

Du reste, je ne discute que des principes généraux et ne prétends point qu'il n'y ait des exceptions.

En résumé, et pour ce qui se passe dans la zone dangereuse, on peut déduire plusieurs principes de tout ce qui précède :

1° Impossibilité constatée de faire un mouvement à rangs serrés sous le feu de l'ennemi;

2° Nécessité de n'opérer qu'en tirailleurs, de garder les petits soutiens et les réserves soit entièrement à l'abri, soit hors de la zone dangereuse;

3° Difficulté d'enlever une position de front; emploi forcé du mouvement tournant;

4° Les feux à commandement n'auront plus lieu que très-rarement;

5° L'attaque de vive force ou à la baïonnette ne sera possible qu'en présence d'une ligne dégarnie de feux.

Tels sont les cinq principes qui ressortent de l'examen du

combat d'infanterie proprement dit. Mais si nous jetons un
coup d'œil sur ce qui se passait en dehors de la zone dangereuse, nous verrons que là aussi les mouvements n'ont pas
eu lieu dans les mêmes conditions.

*Manœuvres hors de la zone dangereuse.* — Les manœuvres
devant le feu étant impossibles, et les premières réserves devant se trouver à de grandes distances de la première ligne,
il en résulta une grande simplification dans les formations et
la marche des troupes placées hors de la zone dangereuse.
Autrefois, et ceci est très-important à constater, les formations avaient pour but la préparation du mouvement décisif,
soit sous forme de colonne double, soit sous forme de marche
en bataille. Il fallait pouvoir passer rapidement de l'une à l'autre, et presque toutes étaient calculées de façon à accabler
l'ennemi sous une formation profonde, dont les derniers rangs
poussaient et soutenaient les premiers. De nos jours il ne
reste de tout cela que les formations qui amènent les troupes
sur le champ de bataille, et celles qui leur permettent de se
transporter rapidement d'un point à un autre, en dehors de
la zone dangereuse. Une fois la position à occuper bien dé-
terminée, le bataillon n'a plus qu'à déployer ses tirailleurs.
Ainsi la différence essentielle qui existe entre la manœuvre
actuelle et celle d'autrefois consiste en ce que, de nos
jours, il suffit d'amener le plus simplement et le plus rapidement possible les troupes au point qu'elles doivent occuper, tandis qu'autrefois les manœuvres ne commençaient
réellement qu'à partir de ce dernier moment. Or les mouvements dont on a fait le plus d'usage dans cette guerre, après
que l'on eut reconnu l'impossibilité de se conformer aux anciennes théories, sont : 1° marche de flanc; 2° front par un
à droite et un à gauche, puis formation en colonne serrée,

surtout en colonne double. Le chef de bataillon avait ainsi les troupes sous la main et à portée de la voix. On déployait ensuite quelques compagnies. Mais jamais on n'a fait de face en avant, face en arrière en bataille, formations en bataille formées de deux mouvements, contre-marches, marche en bataille oblique et directe, changements de front.

Il importe surtout de remarquer qu'on a constamment marché par le flanc, sur les routes; qu'on arrivait ainsi sur le champ de bataille, et que, pour occuper la position indiquée, on s'y rendait encore par le flanc. Il suffisait alors de commander par file à droite ou à gauche pour se prolonger sur la ligne de bataille, après quoi l'on faisait front. On ne peut pas marcher autrement dans des champs labourés ou des terrains accidentés, surtout si on est pressé, et c'est le cas. La marche de flanc est simple, rapide, et permet de passer partout. Souvent même on a envoyé des compagnies en tirailleurs sans quitter cette formation. Par le fait, rien n'y oblige. Je me suis toujours demandé pourquoi un chef de bataillon, lorsqu'il en avait le loisir, se hâtait de former la colonne double. Cela tient, je crois, à un principe mal interprété. La colonne double était théoriquement indispensable autrefois, lorsque le bataillon se portait sur la ligne de tirailleurs et frappait le coup décisif; il fallait alors, je l'ai dit, que le bataillon se déployât rapidement sous le feu, tandis que les tirailleurs se ralliaient à droite et à gauche. Le déploiement de la colonne double était à cette époque le plus rapide et le plus logique de tous les déploiements; mais, de nos jours, ces sortes de manœuvres ne sont plus aussi utiles. Le bataillon, une fois sur le champ de bataille, n'a plus qu'à chercher une formation qui lui permette de déployer ses tirailleurs le plus commodément possible, sans être lui-même en vue. Et lorsque le moment décisif est venu, il ne peut s'avancer qu'en groupes et non en masse. Or, en conservant l'ancien ordre de bataille, cette formation, n'ayant plus le même but, n'a plus les mêmes avantages.

En effet, si l'on veut déployer des tirailleurs, le chef de bataillon déploie inévitablement les compagnies de tête, et la droite et la gauche se trouvent confondues. Les chefs de division commanderont une compagnie qu'ils ne connaissent point. Cet inconvénient existait déjà auparavant. De plus, si l'on commande au bataillon de se porter ailleurs, il se mettra immédiatement en marche par le flanc, et comme on n'a pas le loisir de reprendre l'ordre primitif, toutes les compagnies se trouveront mêlées.

Il résulte de ceci que la colonne double ne redeviendra pratique que le jour où l'on aura supprimé l'interversion. Les compagnies n'auront plus ce trouble qu'elles éprouvent toujours lorsqu'elles ne sont plus à leur place habituelle. C'est pour cela qu'en employant la colonne double, pendant la guerre de 1870, avec l'ancien numérotage des pelotons, on arrivait à une confusion générale. C'est en partie la suppression de cet ordre de choses que réclamait le général de Failly.

Donc, et pour en revenir au sujet principal, toutes les manœuvres, ou à peu près, que l'on a faites en 1870, hors de la zone dangereuse, se résument à celles-ci :

1° Marche de flanc pour arriver en position;

2° Formation en colonne serrée ou en bataille pour les réserves.

## LA TACTIQUE A L'ÉTRANGER

Nous avons étudié le combat d'infanterie en dedans et en dehors de la zone dangereuse. Nous en avons déduit quelques principes; mais avant de rien conclure, jetons un coup d'œil rapide sur la manière dont l'étranger a interprété les mêmes faits, et sur les systèmes qu'il a mis en usage.

### ALLEMAGNE

L'Allemagne, quoique victorieuse, a été la première à reconnaître la nécessité d'un changement dans la tactique. Sous ce rapport, la révolution a été complète : l'ordre profond a été rejeté, et l'on a adopté presque entièrement les principes de Boguslawski ; beaucoup même les ont dépassés. Deux systèmes nouveaux, et peu différents, se trouvent en présence. Le premier demande deux lignes de tirailleurs, l'une derrière l'autre; le second ne veut qu'une ligne. Quant aux soutiens, ils ont à peu près les mêmes dispositions dans les deux systèmes.

Dans les manœuvres de la garde, on a adopté les deux lignes de tirailleurs ; dans d'autres corps, on a disposé une ligne de groupes en arrière de la première ligne de tirailleurs et à 300 mètres environ.

Dans l'un et l'autre système, la première ligne seule fait feu; il y eut cependant des exceptions.

En résumé : 1° une ligne de tirailleurs; 2° une deuxième ligne de tirailleurs un peu en arrière, ou bien une ligne d'essaims, mais placée à 300 ou 400 mètres; 3° plus en arrière, et suivant le terrain, une ligne de soutiens de front ou par le flanc ; 4° les compagnies de réserve, le tout placé en échiquier et sur une profondeur de près de 800 mètres.

Discutons ces deux systèmes.

*Premier système.* — Ce système me paraît vicieux pour les motifs suivants :

1° On n'empêchera pas les hommes de la deuxième ligne de faire feu sur l'ennemi ; ils recevront, en effet, autant et peut-être plus de balles que la première, et personne n'ignore la difficulté que l'on éprouve à maintenir des hommes dans une situation semblable. Or les coups de feu de la deuxième ligne ne manqueront pas de démoraliser entièrement la première. Sur un terrain d'exercice, des manœuvres de ce genre pourront réussir ; en présence de l'ennemi elles ne réussiront pas.

2° La deuxième ligne ne tardera pas à rejoindre la première, car les hommes ainsi déployés échapperont entièrement à l'action immédiate du chef.

3° Cette deuxième ligne ne pourra servir qu'à renforcer le front ; elle sera impuissante contre une attaque de flanc.

*Deuxième système.* — Le deuxième système est plus rationnel, il remplace la deuxième ligne de tirailleurs par quelque chose de plus consistant. Cependant il ne faut pas se faire illusion sur la valeur de cette formation. Qu'une compagnie soit dispersée entièrement ou par escouades, le chef ne l'aura guère plus sous la main, et les coups de l'ennemi deviendront au contraire plus dangereux. C'est une demi-mesure et qui n'est point nécessitée. On le voit, la deuxième ligne de l'un et l'autre système est assez mal imaginée. Le reste ne vaut pas mieux. A quoi bon faire une troisième ligne entre la masse du bataillon et les premiers soutiens ? c'est vouloir disperser son bataillon à plaisir. Nous avons vu que la deuxième ligne était incapable de former une réserve sérieuse, par son excès de dispersion. La troisième aura de plus l'inconvénient de se trouver plus éloignée encore du front, sans avoir beaucoup plus de force que la deuxième. La moindre menace sur le flanc déterminera un mouvement de recul, parce qu'on n'aura que de petits groupes d'hommes à lui opposer, et cela successivement. Enfin il est incontestable qu'en couvrant de la sorte un échiquier de 600 mètres de côté sur 800 de profondeur, on offre une excellente prise aux projectiles ennemis. On arrivera donc à un résultat bien différent de celui qu'on s'était proposé.

Il est vrai de dire que ces deux systèmes ne sont que de essais ; mais celui des deux lignes de tirailleurs pourrait bien avoir la préférence.

Il nous reste à parler des colonnes de compagnie, dont quelques personnes voudraient doter la France.

Cette formation est loin d'être aussi avantageuse qu'on veut bien le dire :

1º Si le bataillon marche en colonne et que chaque compagnie déploie ses tirailleurs, ce qui a lieu presque toujours, le bataillon n'a plus de réserve et la ligne de tirailleurs prend un développement excessif. C'est ce qui est arrivé pendant la guerre de 1870. En effet, les commandants de compagnie, échappant à la direction immédiate du chef de bataillon, envoyaient eux-mêmes un peloton ou deux en tirailleurs et gardaient le reste en soutien ; de cette façon, dès le début de l'action, la ligne de tirailleurs se composait d'autant de fractions différentes qu'il y avait de compagnies. Bientôt les soutiens eux-mêmes se trouvaient entraînés dans le mouvement général ; tout le bataillon se trouvait déployé, et le chef de bataillon n'avait plus rien sous la main. On conçoit aisément qu'un commandant de compagnie, ne voyant absolument que ses hommes, soit tenté de soutenir ses propres tirailleurs, au détriment de l'intérêt général, auquel il ne saurait songer. Ce développement immodéré arrivera donc de préférence aux colonnes de compagnie, indépendamment de l'effet dissolvant du feu. Les auteurs allemands sont unanimes à reconnaître ces faits, et je n'avance rien qui n'ait été dit par eux. On me dira que des capitaines instruits éviteront ce danger; c'est possible, mais il faut raisonner sur ce qui se passe réellement et non sur ce qui pourrait se passer avec des éléments parfaits. Le grand reproche que je fais aux colonnes de compagnie est, je le répète, de favoriser par trop le développement des tirailleurs et de se prêter moins que tout autre formation, à l'emploi des réserves.

2° On prétend qu'elles permettent de marcher dans tous les terrains possibles, et pour ainsi dire en bataille, tout en offrant peu de prise aux projectiles. C'est là le plus grand avantage qu'on lui accorde. Mais où verra-t-on jamais dans nos guerres un bataillon s'avancer, même en colonne de compagnie, sur un champ de bataille, en présence de l'ennemi? Il est un fait admis : c'est qu'il est impossible, de nos jours, de soutenir le feu autrement qu'en tirailleurs.

### ANGLETERRE

En Angleterre, le mouvement n'a pas été aussi sensible qu'en Allemagne. Il semblerait qu'on n'a pas suffisamment compris les conséquences de la dernière guerre. Si l'on se reporte aux instructions officielles sur les manœuvres d'automne en 1872, on voit que le principe de l'attaque en ligne de bataille, sous la protection d'une ligne de tirailleurs, n'a pas changé. C'est, en somme, la méthode suivie avant la guerre de 1870.

Les tirailleurs se trouvent encore à 200 mètres des soutiens, et cette distance est loin d'être suffisante. J'ai remarqué également cette phrase, au moins singulière : « Si le terrain le permet, les soutiens pourront tirer par-dessus les tirailleurs. » On conçoit en effet que, dans des cas rares et exceptionnels, un pareil fait soit possible, mais c'est mal comprendre le rôle des réserves que de les faire participer aux péripéties de la ligne de bataille, et de faire mention d'une telle rareté dans une instruction générale. Du reste, aucun ouvrage de tactique ayant eu quelque notoriété n'a paru dans ce pays.

### AUTRICHE

L'Autriche, suivant de loin l'exemple de sa puissante rivale, cherche, un peu timidement peut-être, à changer son ancienne tactique. Rien de bien saillant cependant n'avait paru jusqu'ici, lorsqu'une proposition anonyme a subitement éveillé l'attention. Voici, en quelques mots, le système ; je cite d'après la *Revue militaire de l'étranger :* « La formation fondamentale de la compagnie serait celle de pelotons non placés en colonne, l'un derrière l'autre, mais rompus par le flanc, sur quatre rangs. »

L'auteur trouve comme avantage : 1° initiative des officiers subalternes ; 2° facilité de manœuvrer ; chaque peloton pouvant se détacher, pour profiter d'un accident de terrain ; 3° sous le feu, on échappe au désordre inévitable des troupes placées par subdivisions ; 4° on court moins de risques au moment décisif, grâce à l'ordre dispersé.

Ce système, fort séduisant de prime abord, présente, par le fait, de grands dangers.

1° En augmentant ainsi outre mesure l'indépendance du commandant de compagnie, l'influence du chef de bataillon se trouve annulée, et il ne faut pas oublier que la véritable unité tactique est, en somme, le bataillon.

2° Nous avons vu, par l'étude de la dernière guerre et au sujet des colonnes de compagnie, que leurs commandants avaient une tendance inévitable à envoyer tous leurs hommes en tirailleurs. La formation proposée plus haut augmente encore cette prédisposition ; elle rend impossible la formation d'une réserve. On se fait facilement une idée d'un bataillon, dispersé entièrement par groupes de pelotons (la section du système français), et ceux-ci pouvant encore s'éloigner les uns des autres, suivant le terrain et la volonté de l'officier de peloton. Que pourra faire le chef de bataillon, au milieu de cette dispersion universelle et dans le feu de l'action ? Il sera réduit à courir de peloton en peloton pour donner ses ordres. En quelques instants, une ligne semblable, exposée au feu, aura rejoint ses tirailleurs. Ce système n'est autre que celui des colonnes de compagnie, poussé à l'excès.

Je n'ai parlé de ce système que par suite de la faveur dont il paraît jouir auprès des journaux militaires autrichiens.

## CONCLUSION

Nous avons vu les conséquences tactiques de la guerre de 1870, et les inconvénients principaux des systèmes que l'on a essayés depuis. Leur grand défaut vient surtout de ce qu'on oublie trop les faiblesses du cœur humain. On fait de beaux plans sur le papier ; on invente des formations ingénieuses ; on les fait exécuter au besoin, sur un champ de manœuvre, et on ne songe pas à l'état moral de l'individu qui doit les exécuter. Voilà par où pèchent bien des tacticiens.

Aussi ai-je commencé ce travail par un exposé du combat d'infanterie; cherchant à en conclure quelques principes
simples et faciles à mettre à exécution avec une intelligence
et un courage ordinaires. Je ne crois pas que notre école de
bataillon exige de bien grands changements. Il suffira que
l'on supprime bon nombre de manœuvres devenues inutiles,
qu'on en simplifie d'autres en admettant l'interversion. Il
faudra enfin que l'on se persuade de cette vérité capitale,
c'est que les positions ne seront enlevées que par des lignes
de tirailleurs plus ou moins renforcées, et non par l'action
soudaine d'une masse, qu'elle soit par colonne de compagnie
ou par petits pelotons. Du reste, quoi qu'on fasse, on n'ob-
tiendra presque jamais, qu'une troupe organisée, et sous le
feu de l'ennemi, ne se débande en tirailleurs. S'il s'agit
d'amener les troupes au combat, nous avons une foule de
formations capables de s'adapter aux terrains les plus va-
riés. S'il s'agit de manœuvrer sur le champ de bataille et
hors de l'action des feux, nous avons la marche de flanc.
S'il s'agit d'entrer en ligne, nous avons la colonne serrée,
qui permet, étant à l'abri, un déploiement de tirailleurs
fort commode. Ici nous touchons au nœud de la question.
Le bataillon, étant serré en masse, envoie une ou deux
compagnies en tirailleurs; celles-ci se placent côte à côte,
ayant chacune leur soutien. Le déploiement est simple et
naturel, il se fait sans difficulté devant le feu; en tous les
cas, il peut se faire avec n'importe quelle troupe, il suffira
de porter la première ligne à une distance telle du bataillon que les balles n'atteignent ce dernier qu'accidentelle-
ment. Mettons 800 mètres en terrain découvert; il est rare
qu'un pli de terrain n'abrite pas le bataillon; il peut, du
reste, se coucher. Entre la ligne de tirailleurs et le bataillon
se trouvent les soutiens.

Ceux-ci ne seront autres que des sections ou fractions de

sections, le reste de la compagnie étant déployé. Les soutiens seront de front ou par le flanc. S'ils sont menacés par
des coups d'écharpe, il sera préférable de les laisser de front
et couchés. S'ils n'ont à craindre que des coups de face, ils
seront mieux de flanc, car leur front ne présentera plus qu'un
point à la vue de l'ennemi. Aux grandes distances, cette disposition ne sera peut-être pas très-avantageuse, à cause de la
variation des trajectoires, mais aux distances de 4 à 500 mètres la trajectoire est trop tendue et les coups trop bien
ajustés pour qu'un peloton n'ait pas plus à craindre sur son
front que sur sa profondeur. Je propose de maintenir les soutiens couchés et de front jusqu'à 400 mètres, et de les mettre par le flanc dès qu'ils se porteront en avant. Il ne faut
pas oublier qu'à 400 mètres de la première ligne on se
trouve, par le fait, à 600 mètres, au minimum, des tirailleurs
ennemis. Du reste, tout ceci est théorique et suppose un terrain plan et découvert ; presque toujours les soutiens pourront
se tenir plus près de la ligne, grâce aux accidents de terrain. On aura même soin de ne jamais s'engager sur un terrain semblable, si c'est possible. A de semblables distances,
on pourra maintenir les soutiens sans trop de pertes, et leurs
chefs les auront toujours sous la main. Cette disposition est
suffisante.

En effet :

1º Si les soutiens étaient plus dispersés, les première
et deuxième lignes échapperaient entièrement à l'action
des chefs.

2º La consistance des soutiens permet de s'opposer immédiatement à un mouvement tournant, et au besoin d'en
exécuter soi-même.

3º Les charges de cavalerie auront un champ trop considérable à parcourir pour arriver jusqu'aux soutiens sans que

ceux-ci aient eu le temps de prendre une formation convenable. Il est vrai que la première ligne courra des risques,
mais il n'est pas de système qui permette de la sauver. La
première ligne sera toujours percée si la distance qui la sé-
pare de l'ennemi est peu considérable ; l'important est d'em-
pêcher qu'elle ne pénètre jusqu'aux réserves, et le but sera
atteint d'autant mieux, qu'on ne peut guère fournir des charges
de 1000 à 1200 mètres. La cavalerie n'aura donc dispersé que
des troupes qui l'étaient déjà par leur disposition tactique,
mais elle n'aura entamé aucun élément sérieux de l'adversaire.

4° Les mouvements offensifs de l'infanterie ennemie sont
moins à craindre qu'on ne pourrait le croire. Les deux adver-
saires se trouveront généralement à plusieurs centaines de
mètres au début ; à cette distance les mouvements offensifs
rapides seront faciles à prévenir. Le danger ne deviendra
réel qu'à 100 et 200 mètres. Mais c'est précisément à ce moment que les soutiens devront entrer en ligne pour porter le
coup décisif ou y résister, et les soutiens eux-mêmes auront
été remplacés par une partie des réserves. Plus les lignes se
rapprochent, plus on les renforce. Une charge à la baïonnette
n'est à craindre que pour des troupes démoralisées, dont le
feu est éteint et dont les soutiens auront été usés. Mais dans
le feu de l'action les lignes avancent ou reculent à distance,
sans être soumises aux fluctuations des guerres de l'empire.

5° Si on veut prononcer l'offensive ou renforcer la ligne
de tirailleurs, les soutiens se conformeront au mouvement
en se rapprochant, et le reste du bataillon marchera à distance, prêt à renforcer la ligne ; mais son action est plutôt
morale, et une position ne sera jamais enlevée par des feux
à commandement et des troupes en bataille ou serrées en
masse, mais bien par des tirailleurs, suivis de près par de
petits soutiens.

6° Il existe enfin une dernière raison qui milite en faveur de mon système. En ne mettant qu'un soutien entre la première et la dernière ligne, on couvre moins d'espace dans la zone dangereuse et l'on risque moins d'être frappé.

On le voit, avec les éléments que nous avons sous la main, que le bataillon soit à quatre ou à six compagnies, il sera possible de se conformer entièrement aux conséquences de la dernière campagne, et pour cela, il n'y aura qu'à employer les mêmes éléments, avec un esprit différent. Qu'on se persuade bien de la nécessité des positions dominantes, de l'emploi des tranchées-abris et de la fortification passagère; qu'on se souvienne enfin que désormais l'avantage restera à celui qui saura user de son feu avec parcimonie, en se donnant le moyen de l'entretenir plus longtemps que son adversaire.

Ne mettons donc pas notre esprit à la torture pour chercher des combinaisons plus ou moins bizarres, et soyons bien convaincus que les armes nouvelles, loin de compliquer l'ancien état de choses, l'ont singulièrement simplifié.

9 février 1873.

197 — Paris. Impr. A. DUTEMPLE, rue Bonaparte, 64.

# PUBLICATIONS

DE

# LA RÉUNION DES OFFICIERS

EN VENTE

A LA LIBRAIRIE MILITAIRE DE CH. TANERA

**Rue de Savoie, 6, à Paris**

————

## MÉLANGES MILITAIRES

### Première Série

LES ARMÉES ALLEMANDES, d'après les documents officiels allemands, par M. Martner, capitaine d'état-major, avec carte. Paris, Tanera. . . . . . . . . . . . . . . . . . 50 c.

43, 44. IDÉES SUR L'ATTAQUE DES PLACES FORTES. Conférence faite à Berlin par le général-major prince de Hohenlohe-Ingelfingen, d'après l'allemand, par A. Klipffel, capitaine du génie. Paris, Tanera. . . . . . . . . . . . . . . 50 c.

45, 46. DE L'INSTRUCTION PRATIQUE DE LA COMPAGNIE D'INFAN-TERIE. Paris, Tanera. . . . . . . . . . . . . . . . 50 c.

47, 48, 49, 50. CONSIDÉRATIONS SUR LA GUERRE DES PLACES FORTES, 1870-1871. Traduit de l'allemand par Couturier, lieutenant au 55e régiment. Paris, Tanera . . . . . . 1 fr.

51, 52. ÉTUDE SUR LES PEINES DISCIPLINAIRES EN CAMPAGNE, par G. D., officier d'état-major. Paris, Tanera. . . . 50 c.

53, 54. HISTORIQUE DES REMONTES DEPUIS LES ROMAINS, suivi d'un projet d'organisation d'une landwehr hippique, par L. L., sous-intendant militaire. Paris, Tanera. . . . 50 c.

55. LE TÉLÉMÈTRE DE CAMPAGNE DU COLONEL RUSSE STUBENDORF, avec planche. Paris, Tanera. . . . . . . . . . . . . , 25 c.

56, 57, 58. ÉTUDES SUR LE SERVICE DES ÉTAPES, d'après les renseignements personnels recueillis pendant la guerre de 1870-71 par un officier de l'inspection générale bavaroise des étapes. Traduit de l'allemand par Couturier, lieutenant au 55e régiment. Paris, Tanera. . . . . . . . . . . 75 c.

59, 60. APERÇU DE GÉOGRAPHIE MILITAIRE SUR LE LITTORAL DE LA CONFÉDÉRATION DE L'ALLEMAGNE DU NORD, et étude des mesures de défense prises par les Allemands pendant la guerre de 1870-71 contre un débarquement de troupes françaises, par Dubois, capit. du génie. Paris, Tanera.  50 c.

61, 62. ÉTUDE ET ENSEIGNEMENT DE LA STATISTIQUE MILITAIRE, par Chanoine, chef d'escadron d'état-major. Paris, Ta-nera. . . . . . . . . . . . . . . . . . . . . . . . 50 c.

63. COMPARAISON ENTRE LE CANON DE CAMPAGNE ET LA MI-TRAILLEUSE, par E. Klutschack. Traduit de l'allemand par de La Roque, capitaine d'artillerie. Paris, Tanera . . 25 c.

64, 65, 66. MÉMOIRE SUR LES FUSILS SE CHARGEANT PAR LA CULASSE employés dans les armées de Prusse, de France et d'Angleterre, par le capitaine Mervin Drake, instructeur de tir. Traduit de l'anglais par M. de Pina, capitaine de fré-gate. Paris, Tanera. . . . . . . . . . . . . . . . . 75 c.

## MÉLANGES MILITAIRES

### Deuxième Série

## ENCYCLOPÉDIE MILITAIRE

1. LES CANONS GÉANTS DU MOYEN AGE ET DES TEMPS MODERNES, par R. Wille, lieutenant de l'artillerie prussienne. Traduit de l'allemand par MM. R. Colard et S. Bouché, lieutenants d'artillerie. 1 volume in-8°. Paris, Tanera. 3 fr.

2. LES MITRAILLEUSES ET LEUR EMPLOI PENDANT LA GUERRE DE 1870-1871, par Hermann, comte Thürheim, capitaine bavarois. Traduit de l'allemand par E. J. Brochure in-8°. Paris, Tanera . . . . . . . . . . . . . . . . 1 fr. 25

3. MÉMOIRE sur la permanence de l'armement de défense et sur l'emploi des cuirasses métalliques dans les fortifications d'Anvers, Plymouth et Portsmouth, par le baron Berge, lieutenant-colonel d'artillerie. 1 vol. in-8° avec planches. Paris, Tanera. . . . . . . . . . . . . . 3 fr.

4. ÉTUDE SUR LE RÉSEAU DE CHEMINS DE FER FRANÇAIS considéré comme moyen stratégique, par L. de Tromenec, capitaine d'artillerie. 1 volume in-8° avec carte. Paris, Tanera. . . . . . . . . . . . . . . . . . . . 2 fr. 50

5. GUIDE pour la préparation des transports de troupes par les chemins de fer, par A. Le Pippre, chef d'escadron d'état-major. 1 vol. in-8° avec planches et carte. Paris, Tanera . . . . . . . . . . . . . . . . . . . . 6 fr.

*Sous presse :*

SUR L'EMPLOI DU TIR DES SHRAPNELS EN CAMPAGNE, par R. von Sichart, capitaine professeur à l'école de tir d'artillerie. Traduit de l'allemand par R. Colard, capitaine d'artillerie.

## ENTRETIENS MILITAIRES

L'ARMÉE PRUSSIENNE, par M. Labaussois, sous-intendant militaire. Paris, Dumaine. . . . . . . . . . . . . . 60 c.

HYGIÈNE MILITAIRE, par le docteur Jules Arnould, médecin-major de 1re classe, Paris, Dumaine. . . . . . . . . 60 c.

DES TIRAILLEURS, DE LEUR INSTRUCTION, DE LEUR EMPLOI, par M. Herbinger, cap. adjudant-major au 1er prov. Paris, Dumaine . . . . . . . . . . . . . . . . . . . 60 c.

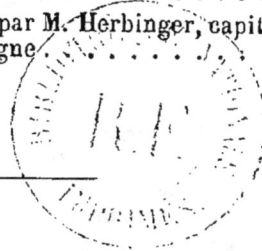

www.ingramcontent.com/pod-product-compliance
Lightning Source LLC
Chambersburg PA
CBHW060810280326
41934CB00010B/2637